COUP-D'OEIL RAPIDE

SUR NOTRE SITUATION,

L'ÉTRANGER, LA TRIBUNE.

Imprimerie de David.

FAUBOURG POISSONNIÈRE, N. 1.

COUP-D'OEIL RAPIDE

SUR

NOTRE SITUATION,

L'ÉTRANGER, LA TRIBUNE,

PAR

Étienne Collet,

ANCIEN MILITAIRE AMPUTÉ, DÉCORÉ DE LA CROIX DE JUILLET.

Amicus Plato, magis amica veritas.

PARIS.

CHEZ DELAUNAY, PALAIS-ROYAL,
ET TOUS LES MARCHANDS DE NOUVEAUTÉS.

1833.

Quelques Mots d'Introduction.

Malgré les insultes de la *Tribune*, je dois déclarer à mes concitoyens que dans cette brochure je ne dirai rien que je ne fusse déjà disposé à prouver avant son attaque plus imprudente encore qu'injurieuse. Ce que je vais écrire, une foule de patriotes le savent . Dès long-temps, un grand nombre de notes et de renseignemens m'étaient fournis par des hommes dont le zèle désintéressé pour le pays n'a jamais été mis en doute, par mes adversaires eux-mêmes. Depuis que la lutte entre moi et ceux-ci est ouverte, des citoyens qui suivent franchement l'étendart ré-publicain, ont, dans un but qu'ils croient louable, et sous le prétexte que j'allais nuire à la cause de la liberté, cherché à me détourner de rendre public l'écrit que je livre aujourd'hui à la saga-cité et à l'impartial jugement de mes lecteurs. J'écrirai comme un patriote qui veut maintenant se mettre en-dehors de tout parti, car je ne con-çois pas comment, sans cette condition, un honnête homme pourrait prétendre à être cru. S'il s'agissait de répondre à ce qu'a dit ironiquement la feuille qui a voulu me déshonorer, de mes *protestations d'indépendance*, je dirais qu'elles sont écrites sur le pavé de l'Hôtel-de-Ville et du Louvre, sur le pavé de la rue de Rohan, sur le pavé de juin; et j'enverrais *la Tribune* prendre des renseignemens auprès du 16ᵉ régiment d'infanterie de ligne. J'engagerais ensuite ses rédacteurs à mettre leurs services en regard des miens, et le public à les discuter sans passion.

Quelle destinée est donc la mienne? assassiné dernièrement à la *Glacière*, parce qu'on me regardait comme un républicain forcené, je me vois, deux mois après, mis sur la sellette par ceux qui se disent les drapeaux de la république et qui n'ont jamais exposé leur vie, sous l'accusation de trahison envers le pays, d'*homme vendu* enfin. C'est ainsi qu'il y a vingt ans, tombé couvert de mitraille au milieu de mes camarades, les Espagnols voulaient me fusiller comme transfuge, parce que j'ai le malheur de parler purement le castillan. O hommes! voilà de vos jugemens!

Mais il ne s'agit pas ici de moi : qu'importe en effet, et l'honneur d'un simple citoyen, et les petits intérêts d'un parti contre les grands intérêts du pays? je suis habitué, presque depuis l'enfance, à tout sacrifier à ceux-ci. Je dirai donc en homme libre, aux uns, que loin de nuire à la cause de la liberté, je la sers en démasquant les faux patriotes partout où ils se rencontrent; aux autres, que je recherche surtout l'estime et l'approbation des hommes éclairés; laissant au temps le soin d'ouvrir les yeux à ceux que l'égoïsme ou la passion abuserait encore; à tous, que la vérité doit surtout se faire entendre aux peuples qui prétendent être libres; et que j'ai cru devoir la proclamer au risque même, pour moi, d'être victime d'un zèle dont je ne me départirai jamais.

Plusieurs m'ont accusé de n'agir que par esprit de vengeance; ils ont affecté de voir dans ma lettre du 24 juin plutôt une diatribe qu'une justification de l'accusation portée contre moi. Ai-je besoin de répéter à tous les hommes qui réfléchissent qu'une justification complète et matérielle est impossible, et ne concevra-t-on pas que si j'ai dit la vérité, c'est aux gens de la *Tribune* à se disculper avant d'être admis à être crus. En effet, il me semble que pour juger du patriotisme de ceux qui ont fait leurs preuves, et avant d'avoir le droit de les diffamer, il faut d'abord, sous peine de paraître suspect, prouver soi-même jusqu'à l'évidence qu'on est véritablement patriote, car en France nous ne nous soumettons qu'aux arrêts de nos pairs.

J'écrirai donc sans haine, comme sans crainte: escorté de ma conscience et de l'amour du bien public; je ne regarde pas en arrière.

Je regrette d'être forcé dans le cours de ces pages, d'employer quelques personnalités, et j'en demande d'avance pardon, non pas à ceux qu'elles pourraient concerner, mais à la partie saine et morale de mes lecteurs. Je hais les guerres de noms propres, mais la nature de mon sujet et l'utilité dont je désire qu'il soit à mes concitoyens, m'ont quelquefois forcé de nommer les hommes. C'est surtout lorsqu'il s'agit du journal des *personnalités*, de la *Tribune*, habituée à ne rien respecter, parce qu'elle a pu gagner beaucoup, mais qu'elle n'a jamais rien eu à perdre, que je me suis vu dans la nécessité de jeter quelques noms. Plusieurs ne sont indiqués que par leurs initiales. Pour être utile surtout aux patriotes que la feuille périodique abuse encore, et dans laquelle ils croient aveuglément, je ne pouvais en agir autrement que j'ai fait, car ils ne m'auraient pas suffisamment compris. Au reste, dans aucun cas, je n'aurai, comme mes adversaires, encouru le reproche d'une lâche et inutile diffamation, car j'ai la conviction d'avoir employé le seul moyen de contribuer à arracher le masque de l'intrigue; et je déclare ici à ceux qui ne me croiraient animé que d'un esprit d'animosité et de haine, que jamais je n'ai renoncé à aucun de mes actes, et que je serai toute la vie disposé à en subir toutes les conséquences.

E. COLLET.

Ce 1 0 Août 1835.

COUP-D'OEIL RAPIDE

SUR

NOTRE SITUATION.

Le propre des révolutions étant de tout chan-
ger de place, pendant quelque temps encore
après leur accomplissement, elles laissent nécessairement un peuple dans un état d'agitation et
d'incertitude sur ses destinées, qui rend le gouvernement difficile et exige, de la part des
hommes nouveaux placés à la tête des affaires,
autant de prudence que d'habileté.

Toute révolution crée naturellement trois
partis bien distincts : celui qui possédait et qu'elle
a dépouillé ; celui qui espérait et qui se croit
frustré parce qu'il ne possède pas ; enfin celui
qui possède, qui tient les rênes, le parti du
jeune gouvernement. Les deux derniers, élémens
séparés d'un tout naguère homogène, vivront
longtemps dans un état d'hostilité nuisible au
repos et à la prospérité de la nation, redoutable
surtout, et qui pourrait compromettre l'existence

même de l'ordre nouveau, s'il arrivait que le parti du régime déchu, le premier que j'ai voulu signaler, eut assez de vitalité pour tenter, avec quelque chance de succès, de relever la bannière du vaincu ; ou que, par ses intrigues, il parvint à entraîner dans sa cause des voisins qui verraient dans la révolution nouvelle leurs intérêts et leurs droits attaqués, leur tranquillité ébranlée.

Entre les deux fractions du parti que j'appellerai *révolutionnaire*, la guerre sera d'autant plus acharnée, une fusion d'autant plus difficile que l'une d'elles, composée en majeure partie d'hommes d'exécution, de têtes ardentes et qui se refusent à toute transaction, se trouvera éloignée des emplois publics, aura vu s'échapper de ses mains le prix qu'elle croyait dû à ses efforts.

Prétentions exagérées ; ambitions déçues, amour sincère de la patrie même, conspireront à entretenir cette funeste lutte, dans laquelle la fraction gouvernante se verra obligée à faire de la force, et poussera, par une nécessité inséparable de sa position, les mécontens à chercher des armes contre elle, dans les rangs même de l'ennemi commun, le parti vaincu, qui n'a pour lui que les voies de la ruse, et place sa dernière espérance dans les fautes de ses adversaires.

On voit que jusqu'ici toute révolution fait éclore trois partis, y compris celui qui gouverne et que je ne désigne sous ce titre que pour plus d'intelligence, car on ne peut se refuser à croire au gouvernement de fait ; maintenant on en compte déjà quatre, car les deux fractions du parti *révolutionnaire* sont bien réellement devenues deux partis séparés.

Au milieu de ce déplorable conflit s'élève un cinquième parti, ou plutôt on pourrait le regarder comme le premier, car il existait avant tous les autres. C'est celui qui couve de sa haine avide tout peuple qui ne lui demandera pas la permission de se gouverner par soi-même et sans l'avis de ses voisins ; qui, toujours debout, reste perché pour ainsi dire, comme l'oiseau de nuit, sur la glande pinéale d'une nation, sait la flatter, l'endormir... et l'insulter quand elle dort. Tout ce qui est français a compris que j'ai voulu parler de l'étranger.

Voilà, si je ne me trompe, l'histoire de tout peuple qui voudra faire une révolution : elle est surtout celle de la France en 1830 ; l'histoire de ce grand et majestueux bouleversement qu'il n'appartenait qu'à elle d'opérer ; révolution qui a dû, je ne dirai pas seulement étonner, mais épouvanter ses voisins, car chez eux il n'y a rien de compréhensible, rien de rationnel, engourdis qu'ils sont, dans l'action d'un peuple qui veut être libre, et qui *souffre* plutôt la royauté qu'il ne la soutient.

Quels incalculables résultats pouvait faire

éclore cet immense mouvement d'hommes loyaux comme le courage, grands comme la force, se levant trois jours, et semblables à *Gulliver*, plus beaux que Spartacus, retombent dans un sommeil un instant troublé par la tyrannie, et ne rêvent même pasqu'en se retournant, ils viennent de l'écraser. Grande leçon, leçon terrible pour les gouvernans, pour les peuples et surtout pour l'étranger !

La révolution de juillet a ce privilège sur toutes les autres dont l'histoire nous parle, qu'elle ne fut nullement excitée, que l'or, ni les séductions ne l'avaient préparée. Pourtant elle a cela de commun avec toutes ses sœurs, qu'elle a changé beaucoup de positions toutes faites, renversé bien des principes qui existent encore dans le fond des cœurs. L'Europe ébranlée a dû songer à ses intérêts ; et jusqu'au jour où tout le monde comprendra que la politique la plus habile serait la simple bonne foi, on doit nécessairement jalouser juillet : que dis-je ? le détester, et lui faire la guerre.

Dans les temps de péril, tout le monde doit courir, de même que tout honnête homme doit aller porter secours dans un cas d'incendie. L'union est donc le premier besoin de tous les citoyens d'un même pays, quelles que soient d'ailleurs les nuances d'opinion qui les divisent. Cette union rendrait invincible un peuple même beaucoup moins fort que le nôtre.

Après ce court exposé, examinons quelle influence a dû exercer notre révolution des trois
jours sur la diplomatie européenne. La première
impression qu'ont du éprouver nos voisins du
nord, impression qui est le retentissement natu-
rel du passé, a dû être l'inquiétude, qu'ai-je dit?
un véritable effroi. Sans vouloir faire ici d'appli-
cation positive, ni prétendre raisonner autrement
que par hypothèse (car nous ne sommes pas ini-
tiés aux secrets des rois), nous ne croyons pas
être téméraires de supposer que la Prusse surtout et l'Autriche ont dû avoir beaucoup de nuits
sans sommeil, et que les pavés de notre capitale
seront venus frapper dans leur bond impétueux
le pied de plus d'un trône. En effet, l'histoire
était là, toute moderne, toute fraîche, toute pal-
pitante pour dire principalement aux deux cours
dont je viens de parler quels immenses résultats
peut faire éclore une révolution française. Nos
voisins n'ont pu oublier leurs états envahis par
un peuple sans armée d'abord et qui tout-à-
coup se fait soldat pour vaincre. Ils se souviennent
de ces traités arrachés à la vieille puissance par
la jeune liberté. Eux qui n'ont vu des travaux de
notre grande semaine que la redoutable rapidité du
succès, ils ont dû mesurer l'insurrection de 1830,
comme ils l'appellent, à l'égal de sa sœur aînée
par qui leur existence fut mise à deux doigts de
son terme. De là, défiances, précautions jalouses,
haine à cet état de choses qui venait pour la se-

...conde fois troubler le repos des vieilles monar- chies. De là encore nécessité de se garantir des ravages de ce torrent qu'on croyait près de sortir de ses limites ; et, en thèse générale, et principa- lement en politique, tous moyens sont légitimes dès qu'il s'agit de se conserver. La France a prouvé déjà qu'elle ne reculait ni devant le nombre, ni devant l'habileté ou le courage de ses ennemis ; aussi, quoique ses forces militaires proprement dites, fussent peu considérables après la lutte de juillet, a-t-on craint de lui déclarer la guerre. On a temporisé, on a reconnu le *gou- vernement nouveau*, mais on n'a pas dû pour cela renoncer aux menées qu'on décore honnêtement de moyens politiques, pour arriver à détruire des principes qui, aussi long-temps qu'il régneront sur notre sol, ne laisseront, à ce qu'on pense, ni paix ni trêve aux puissances qui repoussent ou n'ont pas encore reconnu ces principes et leurs conséquences. C'est toujours une hypothèse que je poursuis, mais, je le répète, hypothèse pro- bable, parce qu'elle est toute dans la nature des choses. On a dû d'abord effrayer les peuples d'ou- tre-Rhin en leur montrant la France toujours envahissante et prête à chaque instant à susciter quelque nouvelle querelle ; on nous a montrés à l'Europe comme un peuple inquiet et que le repos fatigue, se répandant bientôt au loin comme la lave d'un volcan, sans respect pour aucuns droits, et promenant dans l'Europe entière le fléau de sa propagande. Mais comme ce peuple restait calme, au moins en apparence, et qu'il ne semblait annoncer d'autre prétention que celle de régler seul ses affaires, sans permettre à autrui d'y intervenir en rien, les nations qu'on aurait voulu exciter contre nous, sont restées assez indifférentes à l'appel d'une aristocratie intéressée; chez quelques-unes même, un commencement de sympathie pour les *idées révolutionnaires* venait augmenter l'alarme dans les cabinets étrangers. Que faire alors contre cette France qui faisait mentir les prophéties des vieux diplomates, pour détruire chez elle le régime nouveau dont on se défie sans cesse. C'est dans l'intérieur qu'il a fallu stimuler son apathie, et comme on la croit beaucoup plus divisée qu'elle ne l'est en effet sur les questions principales, on aura cru qu'il ne s'agissait que de profiter de ces divisions, échauffer les partis trop indolens encore. Ainsi l'Europe a du dire : Si la France n'a pas à la fois et la colique et la fièvre, elle nous tuera ; si elle n'a ni l'une ni l'autre, il faut lui donner les deux.

La conséquence nécessaire de ce raisonnement conforme à la logique la plus serrée, a été le besoin d'alarmer tous les intérêts, d'inquiéter surtout le bourgeois de Paris dont la bonhomie était devenue proverbiale, et qui sort de prouver qu'il n'est bonhomme qu'avant et après le combat. De là, l'être le plus stupide déduira facilement qu'une tranquillité immédiate devenait incompatible avec tout gouvernement qui serait sorti de juillet.

Pour en finir avec ce redoutable juillet, l'étranger a dit encore : Exploitons le faible de la nation et détruisons la liberté à force de parler liberté. Car il devient intraitable ce peuple quand on lui parle de liberté.

Passons aux moyens d'exécution : tout bon citoyen comprendra qu'il a fallu des énergumènes pour tourmenter incessamment l'intérieur, afin que la plus belle patrie du monde, celle qui les nourrit, soit moins forte devant l'étranger. Ainsi, semons l'inquiétude dans les âmes honnêtes ; et le reste... nous le prostituerons. C'est ainsi que *Biji* disait : Je me dégoute parce qu'on ne fait rien : allez trouver votre père. Et le malheureux qui n'a cru être qu'un assassin de roi, ne s'est peut-être pas douté lui-même qu'il essayait d'assassiner le pays, si notre pays pouvait mourir.

Voulez-vous savoir quelles riches ressources il avait en main, *l'étranger* :

1,500 réclusionnaires et forçats liberés.
de 700 à 800 gens vivant à Paris des maisons de prostitution.
3,000 voleurs ou escrocs qui promènent dans la capitale leur criminelle industrie, dont 1,100 sont constamment en état de prévention, ce qui fait qu'on en juge, année moyenne, 4,000.

Personne ne niera, j'espère, que tous les

hommes dont je viens de parler soient vendus ou à vendre. Vous serez étonnés, mes concitoyens, d'apprendre qu'on a été chercher dans cette fange des politiques carlistes, philippistes, républicains même; on a recruté de tout dans ce sale entrepôt : les adeptes cumulent à la fois et les fonctions de maq...... la pudeur me retient, et celles de péd...... , et celles plus honteuses encore peut-être de soldats de *l'étranger*.

Tout s'explique maintenant : je n'accuse personne, mais je vais dire pourtant des choses qui pourront passer pour de la vérité toute nue.

J'ai établi, je pense, une vérité, c'est que *l'étranger* est nécessairement intéressé à ce que nous nous entredéchirions; car sans cela, nous serions trop forts, et il sait dès long-temps que nous sommes trop forts pour lui.

Établissons une moyenne proportionnelle suivant l'importance la fortune et le plus ou le moins de besoin que peuvent avoir les rois qui nous jalousent, de se garantir du *choléra politique*. Supposez, par exemple, que l'Autriche ne dépense que 100,000 francs par année, la Russie et la Prusse une somme à peu près égale; voyez ensuite la Sardaigne, et puis Naples, et puis tous les roquets parmi lesquels il serait injuste d'oublier don Miguel et le duc de Modène, et demandez-vous si avec cette simple cotisation de *boutiquiers*, on ne peut pas acheter ces gens qui colportent leur hideuse oisiveté dans les cachots

2

et dans les clubs politiques, et qui coûtent si peu cher.

On me répondra peut-être que les ambassadeurs sont trop haut placés pour admettre à leur conversation même les hommes que je viens de signaler. Mais écoutez : des sous-agens ne peuvent-ils pas, à l'insçu même des ambassadeurs qu'ils sont peut-être aussi chargés de surveiller, exécuteurs occultes des sourdes menées de leurs cabinets, travailler à l'accomplissement de l'œuvre si utile à leurs maîtres, celui de notre désunion. Vous croirez bien ensuite que ces sous-agens ont pu trouver dans tout un pays 500 ou 600 misérables, stipendiés sans cesse pour exciter les passions de la populace. Parmi eux on a divisé les rôles : ils en voulaient, on en a mis pour tous les goûts : les uns *émeutiers*, les autres qui, n'étant pas gens d'action, se sont faits *journalistes*. Soyez tranquilles, l'ennemi saura prendre toutes les formes : il raisonnera comme *le carlisme* dont il a pitié, car le carlisme est éminemment faible. Le carlisme doit raisonner comme *l'étranger*; tout le monde le sait, car ce parti n'a jamais eu de recours que dans les ennemis de la France.

Ce que peut-être on aura de la peine à croire, c'est que des hommes de cœur que j'ai vus se battre, et dont plusieurs même portent l'étoile de la liberté sur leur poitrine, se sont sottement laissés enrôler dans le parti liberticide qui tuerait la France, si la France était *tuable!* Je pourrais ici établir un chiffre assez respectable pour prouver ce que j'avance. Je pourrais signaler au pays une foule d'instrumens qui déchirent la patrie, opposer le poison au poison, et des noms d'hommes perdus, des noms que je ne puis pas appeler des *noms propres*, au nom de l'homme qu'ils ont osé insulter.

Je demanderai seulement s'il peut exister en France, après qu'on m'aura lu, un homme de bon sens qui ne croie pas comme moi que *la Tribune* est un dégoûtant pamphlet, stipendié par *l'étranger*, par les ennemis du repos du peuple, par *le carlisme* même.

Ce journal a successivement acheté *la Révolution de* 1830, *le Mouvement, le Français*, et pourtant jamais il n'a pu réunir plus de onze cents abonnés. Comment se fait-il donc qu'il se maintienne, puisque jamais ses recettes n'ont excédé 80,000 à 90,000 francs, tandis qu'année commune, il a 160,000 francs de frais. Voulez-vous le mot de l'énigme, *Marrast, Sarrut* et B***** pourront vous le donner. Qu'ils disent s'il n'est pas vrai que la *duchesse de Berry* est intéressée dans leur entreprise; qu'ils disent si M. de R*****, autre co-intéressé si connu par ses opinions carlistes, n'a pas contribué à payer les amendes de cette feuille tellement personnelle, que sur soixante procès qu'elle a soutenus, *heureusement pour elle*, vous n'en trouverez pas douze qui n'aient pour base une personnalité offensante pour quelque citoyen. Demandez à ces hommes si consciencieux pourquoi ils ont renversé le maréchal *Soult*, que je n'ai pas l'intention de défendre, du piédestal si beau qu'ils lui avaient élevé, lorsqu'ils sont venus de *Saint-Gaudens* tout exprès pour faire fortune.

Voulez-vous une autre preuve que ces saltimbanques politiques trahissent ; une preuve de la monstrueuse alliance qui existe entre les formes jacobines et le carlisme ? voyez les pièces que tout le monde peut lire sans être pour cela *agent de la police*, les pièces saisies lors de l'arrestation de *la duchesse de Berry*. Vous y trouverez, dans la correspondance des chefs de la chouannerie avec les comités carlistes de Paris, et notamment avec les sieurs T*******, J**** et autres, avec même différens membres du haut clergé, la preuve que des articles ont été souvent insérés dans *la Tribune*, sur la simple demande qui en était faite par les agens carlistes. Vous trouverez les lettres de B******* à T******* dans lesquelles on dit d'envoyer de suite tel article à *la Tribune*.

Demandez-leur, aux honnêtes gens qui rédigent la feuille prétendue patriote, comment il se fait que, depuis près d'un an, un employé du ministère de la guerre gémit dans les prisons à cause d'eux. Voulez-vous d'autres preuves des sympathies qui existent entre les pamphlétaires de *la Tribune* et *l'étranger ?* Voyez tout ce qu'il y a de français dans leurs articles sur *Alger*, *Ancône* et *la Hollande*, et dites si ces gens-là savent, avec tout leur patriotisme, *laver*, comme disait l'homme immortel que nous avons servi, *leur linge sale en famille*; s'ils prêcheraient l'union aux enfans de la même patrie, le jour d'un commun danger, ceux qui cherchent même à tuer le parti qu'ils appellent le leur.

Comment croire en effet à la sincérité de ces hommes, touchant leurs prétendus sentimens républicains, quand on les voit constamment acharnés à poursuivre les républicains qui ont fait leurs preuves? Comme s'ils étaient assez stupides pour ne pas sentir ce que l'homme doué de l'intelligence la plus commune comprendrait, ils se suicident en cherchant à avilir ceux à qui ils se disaient liés. Ils dégoûtent les patriotes les plus dévoués, repoussent ceux qui peut-être se seraient jetés dans leurs rangs. Appellent-ils aussi cela de la propagande? Mais je me trompe, ils sont conséquens dans leur inconséquence; brocanteurs politiques, ils trouveront bon l'argent de toute la monde.

Ils ont toujours travaillé contre notre nationalité, ceux qui exigent d'un peuple confiant toute la foi que naguère ce peuple n'accordait qu'à la victoire. Voyez leur *Sarrut* partant en décembre 1832 pour l'Angleterre : il se disait républicain à Paris; et tandis que sa feuille vendue se déchaînait contre toutes les royautés, lui, baron de l'empire, allait chercher un maître parmi des sots ou des esclaves. Ils ont été, véritables adorateurs du fétiche, jusqu'à offrir la couronne de France à M. Lacoste, aide-de-camp de Joseph, pour son maître qui ne demandait que de l'argent, se plaignait d'être sans le sou, et surtout d'être importuné par les soi-disans républicains. Voilà ces hommes qui vous demandent la république à cor et à cris, et qui pourtant travaillent à rappeler le despotisme. Ils ont pour escorte les vagabonds politiques des cafés, gens qui ne travaillent pas, dont je pourrais citer plus de mille à douze cents; et pourtant tout cela mange : demandez plutôt à M********, à B*****, à R******* même; je recule, car je ne veux pas ressembler au journal diffamateur : le lecteur ne sera pas embarrassé d'achever.

Savez-vous, citoyens, ce que vaut un article de la *Tribune*? eh bien ! quand il peut remplir toute une colonne, et pourvu qu'il plaise aux proconsuls qui ont retourné leur manteau, c'est six francs ! facile de croire qu'après de longues élucubrations, un malheureux pourra difficilement vivre, pour peu que dans son griffonnage, il ait la conscience de respecter et la langue et la volonté de l'entrepreneur dont il est le gagiste ; quant au sens commun, permettez-moi de n'en pas parler : c'est denrée tout-à-fait inconnue aux lieux où se fabrique la *Tribune*. Aussi dirait-on souvent que l'homme au denier s'est vu obligé pour vivre, d'aller offrir son onguent de porte en porte. En effet, voyez l'article par lequel la *Quo-tidienne*, dans son numéro du 30 juillet de la présente année, rend compte du banquet donné à l'Hôtel-de-Ville le 29 : lisez ensuite dans la *Tribune* du même jour, la même relation, sans différence d'un hiatus ; et dites si tous ces messieurs, puisqu'ils partagent les mêmes sentimens et qu'ils avouent les mêmes principes, si tant est qu'ils professent des principes arrêtés, ne trouveraient pas plus d'intérêt à n'avoir qu'une seule et même officine où l'on manipulerait de la politique pour tous les gobe-mouches qui n'ont d'autre opinion que celle qu'ils vont chercher dans un journal. C'est un conseil d'ami que je leur donne.

J'ai dit plus haut que si les ambassadeurs étrangers, à cause de leur haute position, ne pouvaient correspondre et s'entendre avec tous les hommes traîtres ou abusés qui travaillent à ce que nous autres Français nous ne nous entendions jamais, d'autres agens de l'ennemi avaient pu facilement, parmi les stipendiés, entre lesquels les rôles sont partagés, descendre à l'égard de quelques-uns qui font les habiles, tels que les écrivassiers, avocassiers et barbouilleurs de journaux qui, après avoir été chercher le mot d'ordre et reçu le *prêt* en lâchent quelques bribes aux niais de l'émeute qu'ils lancent sur le pavé après les avoir pérorés, et en leur criant : « Marchez, soldats de la liberté ou de la république!

Quant à nous, nous allons vous tresser des couronnes, et, nouveaux *Horace*, élever à votre gloire *un monument aussi durable que l'airain*..... c'est-à-dire que nos immortelles colonnes. »

On trouve encore, dans l'ambitieuse cohue, des hommes qu'une longue série de malheurs a enrichis : des financiers, par exemple, à l'infortune desquels le Public se refusait à croire, et qui se sont jetés honnêtement dans un autre genre de spéculation. Je pourrais vous citer un de leurs notables que les murs de Sainte-Pélagie ont renfermé comme nous, mais pour avoir tenu une conduite plus *lucrative*, et qui s'était fait, il y a quelques temps, le patriotique banquier de l'opposition de bas étage. Ainsi, animé d'une philantropie qui l'aura sans doute ruiné, il gratifia d'abord à raison de quarante sous par tête l'émeute sans danger ; quand les coups de sabre commencèrent à pleuvoir sur sa milice, il ne fut plus possible de s'en tirer à moins de trois francs... mais, c'est alors qu'on en vint aux coups de fusil, que la munificence du patriote fut obligée de se déployer tout entière, et force fut au caissier désintéressé de lâcher la pièce ronde : cinq francs pour chaque imbécille qui voulut bien consentir à aller jouer sa tête dans le gâchis patriotique.

Le pauvre homme de M. O******! il est aujourd'hui sans doute réduit à la mendicité ; ce sera là son dernier malheur ! qu'il se console ; la patrie reconnaissante lui votera quelque jour une longue suite d'anneaux d'honneur.

Tandis que d'un côté l'on enrôle à prix d'argent les misérables qui sont toujours à vendre, il faut de l'autre que la triple alliance, l'alliance impie qui brûle de se partager nos dépouilles ou qui plutôt se les disputerait, s'efforce de séduire par des voies honorables en apparence, la partie honnête et courageuse pour qui l'or n'est rien. Chez un peuple aussi spirituel que le nôtre, on croirait difficile de faire battre dans les mêmes rangs des hommes d'honneur qui sont ennemis irréconciliables. Les faits que nous avons cités plus haut ont déjà mis à nu la confusion d'intérêts entre les hommes de la *Tribune* et le parti carliste, mais les combattans de bonne foi ne seraient pas désabusés encore, peut-être, et par l'affaire de la rue des Prouvaires, et par la querelle de *semblant* entre les journaux des deux partis les plus opposés, à l'occasion de la *duchesse de Berry*, et par la sotte crédulité qui a conduit plusieurs carlistes de bonne foi à se jeter dans notre courageuse et patriotique mêlée de Juin, si depuis l'on ne savait que R******, M****, *Marast*, fréquentent les petits comités carlistes aussi bien que les anti-chambres étrangères, car tout chemin est bon qui mène à la fortune ; si l'alliance de l'anarchiste F*******, ancien major des volontaires de la Charte, avec le sieur D********, ultra-montain par excellence, n'était devenue publique.

Parmi ces messieurs qui jettent à tout venant l'épithète de traître, les traîtres surabondent : traîtres au pays, traîtres au parti, traîtres même parmi les intrigans qui se croient unis pour tromper le parti dont ils se flattent d'être la tête. Vous y trouverez de tout, c'est comme *la muscade à Boileau*, partout ils en ont mis. Tandis que M**** veut bien être l'allié de Marast et de R****** dans les relations intéressées avec le carlisme, M****, rédacteur comme les autres de la loyale *Tribune*, va criant sans cesse contre les notabilités de son propre parti ; et toute la bande se ligue ensuite dans le monde pour décrier celui qu'elle a choisi pour un de ses chefs, le rusé *Marast*.

Pour amortir l'influence de leur patron auprès des patriotes, et par suite de cette jalousie basse qu'éprouvent toujours les petits esprits contre ceux que le sort ou toute autre cause a placés au-dessus d'eux ; ils disent à qui veut l'entendre : « Comment *Marast* serait-il républicain ? Voulez-vous savoir quel peut-être cet homme ? examinez ce qu'il fût : *Marast*, élève du séminaire de *Reims*, devint le secrétaire de l'abbé *T******** de *B******* , grand vicaire de M. de *L*****. L'abbé *T******* aurait-il pu inspirer des sentimens très-moraux et des idées libérales au jeune homme qu'il affectionnait, lui qui, à ce qu'on assure, malgré le purisme de ses opinions toutes papistes, passe pourtant pour avoir des mœurs très-peu orthodoxes. Savez-vous ensuite où le *Marast* a fait son apprentissage de républicanisme? avec messieurs de *l'Aristarque*, journal dévot et éminemment monarchique, comme chacun sait, auquel il fournissait journellement des articles.

Mais qu'ai-je dit? ces hommes qui prêchent hypocritement l'union des patriotes, quand ils n'ont rien de mieux à faire, ne se déchirent-ils pas tous entr'eux? Si vous voulez remuer du fumier, vous trouverez dans leur antre même, quelqu'un qui vous dira à quelle heure, en quel lieu écarté, à la nuit noire, vous rencontrerez l'un d'eux, cherchant à satisfaire ses honteux penchans. Je suis, Dieu merci, hors d'état de prouver le fait; quant au dire, c'est une autre affaire.

En s'accrochant aux républicains purs afin de les diriger, de se trouver à la tête, dans le cas inespéré d'un succès, aucun de ces braves gens ne croit pourtant à la république. Le gouvernement sous lequel on a espéré jusqu'à hier encore d'occuper les places lucratives, ç'aurait été celui du fils de la *Reine d'Hollande* qu'on s'était engagé à servir, comme on sert le carlisme, comme on sert *l'étranger*, comme on sert la république. Depuis peu de temps seulement, on désespère un peu du succès; et vous en aurez la preuve en voyant quel ton d'acrimonie *la Tribune* emploie pour gourmander le parti *Joséphiste* sur son inaction lors de l'inauguration de la statue de l'Empereur, le 28 juillet dernier. Dans son délire,

elle met à découvert toute sa turpitude syco-
phantique, se plaint dans le style de la fureur,
que pas un jeune, pas un vieux, ne se soit levé.
Républicains de bonne foi qui n'auriez pas lu ce
curieux article, je le livre à vos méditations.

J'ai promis de parler aussi d'argent reçu :
beaucoup de membres de la société des Droits de
l'Homme se souviennent de l'offre qui fut faite
naguère au comité d'une somme de *soixante
mille francs,* qui aurait servi de fonds de première mise pour établir un journal entièrement
républicain, c'est-à-dire écrit dans les principes
que soutient la société, et pour lesquels un grand
nombre de ses membres s'est battu en juin. Eh !
bien, cette somme noblement refusée par des
hommes qui n'ont voulu être au service que de
leur conscience, elle a été portée au bureau de
la Tribune, qui, malgré le peu d'importance du
cadeau, a jugé bon de la mettre dans son es-
carcelle. Nous avons sous la main, dans la personne de plus d'un indiscret patriote, que nous
nommerions au besoin, la preuve positive de
ce que nous avançons.

Je ne m'étendrai pas sur les refus assez nom-
breux que des patriotes ont essuyés dans les
bureaux du même journal, relativement aux
vives et nombreuses réclamations élevées contre
l'embauchage pour le Portugal. Cette circons-
tance est trop notoire pour qu'on ose, je crois,
en contester l'existence. Messieurs, les républi-

cains de *la Tribune* paraissent avoir un faible pour *les empereurs*.

Deux mots sur les fonds qui sont venus de toutes parts, destinés à secourir ceux de nos malheureux frères qui languissent dans les cachots, et dont plusieurs sont destinés à expier, par une détention de toute leur vie, la noble imprévoyance du courage malheureux, le tort d'avoir été vaincus.

Un comité a été établi pour régler la répartition de ces fonds; de ce comité font partie des hommes de journaux. *Le Bon Sens* et autres en comptent dans les rangs de leurs rédacteurs. Allez à Bicêtre demander à des infortunés à qui les nations anciennes auraient accordé les honneurs du triomphe, ce qu'ils ont reçu des nobles offrandes de leurs concitoyens? Ils vous diront eux-mêmes qu'au 30 juillet dernier, il ne leur avait été compté encore que 40 francs, et qu'ils se disposaient à dénoncer les chefs des répartiteurs comme escrocs, dans les feuilles publiques.

Hommes consciencieux de tous les partis, et vous hommes paisibles ou égoïstes même, qui ne voulez être d'aucun parti, patriotes de toute nuance, je crois vous avoir fait voir par quel moyen votre ennemi constant, l'implacable étranger espère arriver à vous subjuguer encore : il y réussirait infailliblement et plus aisément surtout que dans les deux époques à jamais funestes où ses bandes ont souillé notre sol, si vous tombiez dans les mains des deux partis qui lui sont dévoués et qui ont fait alliance pour se tromper à nos dépens et s'emparer du timon.

Maintenant quoiqu'il puisse importer fort peu de connaître l'homme qui a cru devoir se placer en sentinelle perdue et crier au danger, afin d'avertir le camp, j'ai regardé comme une nécessité qui sera peut-être diversement expliquée, de faire ici ma déclaration de foi sincère. Je suis *républicain* autant et plus qu'aucun de ceux qui ont voulu faire douter de mes sentimens. Né sous le drapeau tricolore, le seul que j'aie jamais servi, la république a été le rêve de mes jeunes années. Elle s'est, pendant toute ma vie, même au milieu des glorieuses illusions de l'Empire, présentée à mon imagination comme le beau idéal des gouvernemens, le régime le plus propre au triomphe de la morale et de la vertu. Je l'adore encore comme je la sens, comme je la veux, comme une déesse escortée de tout ce qui peut consoler les peuples et les rendre meilleurs ; arrivant sur un chemin de roses pour apporter aux hommes le bonheur, l'abondance et la fraternité. Je la voudrais voir avec son bonnet phrygien, revêtue en même temps du manteau étoilé qui me prouverait sa céleste origine ; car alors, je n'en doute pas, non-seulement tous les citoyens d'un peuple, mais encore tous les peuples de la terre s'enlaceraient pour tomber à ses pieds et lui demander ses lois. Hommes que je viens de combattre, faites qu'elle soit ainsi que je viens d'essayer de la décrire, et je me range avec joie parmi vous; et je publierai partout que je me suis trompé, que vous seuls êtes les bons et les habiles. Mais si vous essayez, pour l'introduire en France, de la faire précéder d'autre chose que de la volonté des citoyens, c'est-à-dire des dissensions intestines, des guerres civiles dont vos imprudentes excitations m'ont fait faire à moi, la triste expérience, je la repousse. Partisan de la souveraineté du peuple, je me dévouerai en esclave à la volonté qu'il aura manifestée; mais je ne crois pas que des égorgemens puissent jamais prouver cette volonté; car il serait absurde de penser que les nations pussent s'assassiner, se décimer pour acquérir quelque chose que tout le monde voudrait. Si donc vous pouvez me présenter la république arrivant dans notre pays escortée de tout le peuple fier et heureux de la recevoir, sans collision, sans ruines, sans meurtre, sans incendie, je serai son plus chaud partisan. Mais si, précédée par des intrigans comme vous, qui travaillent pour eux seuls, je ne vois venir à moi, au milieu de décombres et de cadavres, qu'une aventurière arrogante, couverte de sanglantes guenilles, qu'une tricoteuse enfin, ah! je m'armerai contre elle en faveur de quelque Pouvoir que ce soit qui saura me garantir de ses fureurs; et tout en gardant au fond de mon sein le désir et peut-être l'espérance de vivre un jour sous le règne de celle dont votre déesse n'est que la hideuse caricature, je me croirai bon citoyen, et surtout meilleur patriote que vous, en soutenant de tous mes efforts le régime que vous essayerez de renverser.

Ceux que j'ai attaqués diront peut-être, persistant dans leur lâche accusation, et habitués qu'ils sont à se procurer par tous les moyens, même les plus déloyaux, des élémens de scandale et bons seulement à remuer les passions et à perdre les malheureux qui se laissent séduire par eux, que j'ai usé de ces mêmes moyens, et que, en ma qualité d'*homme de police*, j'ai pu aller chercher des armes contre eux dans l'arsenal dont les portes me sont ouvertes. Je répondrai qu'une injure de plus ne doit pas coûter à ces messieurs; et je répéterai ce que j'ai déjà dit, que, méprisant leurs clameurs, je me trouverai trop heureux si j'ai servi mon pays en lui révélant quelques vérités utiles. C'est tant pis pour eux seuls, si j'ai été obligé de fouiller dans les archives de mes ennemis qui m'ont été ouvertes depuis long-temps par de vrais patriotes et par les révélations de *la Tribune* elle-même. Si j'ai été forcé de jeter les yeux dans une biographie fangeuse, je le jure en conscience, c'est qu'il n'en fallait pas moins pour essayer de détruire l'échafaudage d'adversaires sans bonne foi.

FIN.